BEI GRIN MACHT SICH IHR
WISSEN BEZAHLT

Selbst- und Zeitmanagement. Methoden, Zeit als psychosoziales Phänomen und die Bedeutung der Präsentationssoftware PowerPoint

Michelle Pester

Bibliografische Information der Deutschen Nationalbibliothek:

Die Deutsche Nationalbibliothek verzeichnet diese Publikation in der Deutschen Nationalbibliografie; detaillierte bibliografische Daten sind im Internet über http://dnb.d-nb.de abrufbar.

ISBN: 9783346604774
Dieses Buch ist auch als E-Book erhältlich.

Druck und Bindung: Books on Demand GmbH, Norderstedt Germany
Gedruckt auf säurefreiem Papier aus verantwortungsvollen Quellen

Das vorliegende Werk wurde sorgfältig erarbeitet. Dennoch übernehmen Autoren und Verlag für die Richtigkeit von Angaben, Hinweisen, Links und Ratschlägen sowie eventuelle Druckfehler keine Haftung.

Das Buch bei GRIN: https://www.grin.com/document/1181299

Inhaltsverzeichnis

1.Selbst- und Zeitmanagementmethoden

Pomodoro-Methode

Die Pomodoro Methode stammt von Francesco Cirillo, der diese in den späten Achtzigern entwickelt hat. Der Name stammt von dem italienischen Wort „Pomodoro" für Tomate. Bei seinem ersten Versuch hat Cirillo eine Küchenuhr, die die Form einer Tomate hatte, zur Zeitmessung verwendet[1].

Cirillo baut seine Methode auf drei Annahmen auf: Eine andere Sicht auf Zeit soll Angst und Sorgen reduzieren und die Effektivität erhöhen. Er nennt die gesellschaftliche Form der Zeitmessung, durch Minuten und Stunden, „becoming" oder „werden". Diese Methode erzeugt Angst und Sorgen, da sie von Natur aus undefiniert und unendlich ist. Eine andere Methode der Zeitmessung ist durch die Abfolge von Aktivitäten.[2]

Die Zweite Annahme ist, dass durch die bessere Nutzung unseres Hirnes wir klarer denken und uns während des Lernens besser fokussieren. Die Pomodoro Methode soll dabei helfen.

Die dritte Annahme besagt, dass einfache und klare Mittel die Arbeitsqualität beim Lernen und Arbeiten verbessern, weil wir uns dabei auf das Lernen selbst und nicht auf das richtige Anwenden der Methode fokussieren.

Cirillo wollte deswegen die Methode so simpel, wie möglich halten. Für die Pomodoro Methode benötigt man lediglich einen Timer und einen Stift und Papier. Dabei sollte der Timer bevorzugterweise mechanisch sein, damit man diesen immer im Blick behalten kann[3]. Allerdings ist es auch möglich einen Timer auf dem Computer oder Smartphone zu stellen.

Zuerst fertigt man eine To-Do-Liste an von Sachen, die man den Tag über erledigen möchte und ordnet diese nach Prioritäten. Einen Abschnitt der Seite lässt man frei und betitelt es „Ungeplant und Wichtig". Dort notiert man die Aufgaben, die ungeplant über den Tag hinweg aufkommen und Priorität haben.

Desweitern fertigt man eine Aktivitätsseite an. Dort notiert man alle Aufgabe, die den Tag über entstehen. Am Ende des Tages liest man diese List durch und streicht alle Aufgaben, die erledigt worden sind, durch.

---

[1] Vgl. Cirillo, 2007
[2] Vgl. Cirillo, 2006, S.4
[3] Vgl. Cirillo, 2006, S.5

Ein Pomodoro besteht aus 25 Minuten reiner Arbeit mit je 5 Minuten Pause danach. Nach jedem viertem Pomodoro wird eine 25- bis 30-minütige Pause eingelegt. Ein Pomodoro kann nicht aufgeteilt werden, das heißt es gibt keine halben Pomodoros.[4]

Wenn ein Pomodoro begonnen wurde, muss dieser auch beendet werden. Falls ein Pomodoro abgebrochen wird, wird dieser als nichtig erklärt und darf nicht aufgezeichnet werden. Eine der Regeln nennt Cirillo „protect the Pomodoro" oder „Beschütze den Pomodoro". Damit ist gemeint, dass andere Menschen schnell informiert und Anrufe weitergeleitet werden sollten, damit der Pomodoro nicht unterbrochen wird.

Wenn eine Aktivität, während eines Pomodoros abgeschlossen wird, darf keine neue Aufgabe begonnen werden. Diese Aufgabe wird bis zum Klingeln des Timers bearbeitet oder besichtigt. Benötigt eine Aufgabe mehr als 5 bis 7 Pomodoros, sollte diese unterteilt werden. Im Gegensatz dazu, wenn eine Aufgabe weniger als einen Pomodoro benötigt, wird diese mit anderen kleinen Aufgaben zusammengefügt. Resultate werden Pomodoro nach Pomodoro erzielt und die letzte Regel, ist eher eine Erinnerung, dass der nächste Pomodoro besser sein wird als der Vorherige.[5]

Die Pomodoro Methode besteht aus der Planung, den Pomodoros, Pausen und der Verarbeitung. Zuerst wählt man alle Aufgaben aus, die man erledigen möchte, priorisiert diese und schreibt sie auf das Aktivitätsblatt. Dann beginnt man diese Liste Pomodoro nach Pomodoro abzuarbeiten. Sobald ein Pomodoro abgelaufen ist, darf man nicht weiterarbeiten und muss eine Pause einlegen. Am Ende des Tages können die beendeten Pomodoros aufgezeichnet werden.

Diese Methode eignet sich besonders für Studenten, um erfolgreich und stressfreier zu studieren. Durch die festen Pausen- und Arbeitszeiten hat das Gehirn die Möglichkeit die gelernten Informationen zu verarbeiten. Die Methode ist sehr simpel und benötigt nur wenige Haushaltsgegenstände, die man auch durch Technologie ersetzen kann. Die Küchenuhr kann durch einen digitalen Timer ersetzt werden, den man ganz einfach am Computer oder Smartphone stellen kann. Auch die To-Do-Listen und Aktivitätsblätter können digital erstellt werden. Auf YouTube gibt es zahlreiche Videos mit eingebautem Timer für Pomodoros und Pausen, wobei das Video einfach im Hintergrund, während der Arbeit, laufen gelassen werden soll[6].

---

[4] Vgl. Cirillo, 2006, S.6
[5] Vgl. Cirillo, 2006, S.34
[6] Vgl. YouTube Pomodoro, 2021

Cirillo empfiehlt in den Pausen einfache Tätigkeiten zu erledigen. So könnte man während einer kurzen Pause beispielsweise kleine Haushaltsaufgaben abarbeiten, wie zum Beispiel die Wäsche zu waschen.

Die Methode soll dabei helfen interne und externe Unterbrechungen zu minimieren und dadurch die Konzentration auf die vorliegende Aufgabe stärken.

Durch die Einteilung der Arbeit in mehrere Pomodoros hat man einen Überblick über die genauen Aufgaben, die man den Tag über erledigen muss. Auch Unerwartete Tätigkeiten werden bei der Pomodoro Methode mit eingeplant, was im Gegensatz zu anderen Methoden, zum Beispiel der Time-Boxing-Methode, zu Problemen führen kann.

Bullet-Journaling

Ryder Carroll, der Erfinder der Bullet Journal Methode, wurde in seiner Kindheit im ADS diagnostiziert. Um seine Aufmerksamkeit und Konzentration lenken zu können, hat er über mehrere Jahre hinweg, viele Methoden ausprobiert, aber keine hat für ihn funktioniert. Während des Studiums hat er die Bullet Journal Methode entwickelt und über die letzten 25 Jahre hinweg perfektioniert und weiterentwickelt.[7]

Für die Methode benötigt man lediglich ein Notizheft und einen Stift. Das Kernsystem des Bullet Journals nennt sich Rapid Logging, auch entwickelt von Ryder Carroll. Dabei werden Informationen kurz und intuitiv aufgeschrieben, um eine Art To-Do-Liste anzufertigen. Es baut auf vier Prinzipien auf: Überschriften, Seitennummerierung, kurzen Sätzen und Phrasen und Stichpunkten. [8]

Bevor man Notizen oder Pläne macht, sollte man eine Überschrift mit der Thematik aufschreiben, zum Beispiel „Wochenplan 12. – 19. August". Seitenzahlen machen es einfacher frühere Einträge und besondere Seiten wiederzufinden. Kurze Sätze und Notizen sparen nicht nur Zeit, sondern sind meist auch nur nötig, um uns in Gedächtnis zu rufen, was getan werden muss und welche Aufgabe gemeint ist.

Diese Stichpunkte können dabei sehr individuell und vielfältig aufgebaut sein und sollen auf einen Blick verschiedene Informationen wiedergeben. Wenn sich der Status eines Eintrages ändert, darf auch der Stichpunkt verändert werden. Wird zum Beispiel eine Tätigkeit erledigt, wird über dem Punkt ein Kreuz verzeichnet.

---

[7] Vgl. Pangambam, 2018
[8] Vgl. Evans

Diese Symbole und Vermerke werden im „Key" oder der Legende festgehalten. Dies ist meist die zweite Seite im Bullet Journal. Es ist die Übersichtsseite über alle verwendeten Symbole und Kürzel.[9]

Vor der Legende legt man das Inhaltsverzeichnis an. Dieses ist, wie in fast jedem Buch, wichtig um später Einträge, Listen und Übersichten wiederzufinden. Die Seite wird im Laufe der Zeit mit Nutzung des Bullet Journals gefüllt.

Die erste Planer-Seite des Bullet Journales ist im Normalfall das „Future Log" oder die Zukunftsübersicht. Hier werden die nächsten 6 bis 12 Monate in einer Übersicht dargestellt. Damit hat man einen klaren Überblick über wichtige Ereignisse und Aufgaben, zum Beispiel der TÜV, mehrere Monate im Voraus.

Der Jahresplanung folgt die Monatsplanung für den aktuellen Monat. Hier können wichtige Ereignisse der Jahresplanung nochmals eingetragen werden. Außerdem hat man genug Platz für Termine und Aufgaben die nicht zur alltäglichen Routine gehören, zum Beispiel Arztbesuche oder Wochenendausflüge.

Die Tagesplanung stellt eine To-Do-Liste für den aktuellen Tag dar.[10] Diese wird meist am Morgen des aktuellen Tages oder am Abend davor angelegt und im Laufe des Tages aktualisiert und vervollständigt. Auf eine Seite des Bullet Journals passen oft mehrere Tage bis hin zu einer ganzen Woche. Sobald ein Monat endet, wird eine neue Monatsseite angelegt und es folgen wieder die Tagespläne.

Die Idee des Bullet Journal ist die Pläne, Notizen, Aufgaben und To-Do-Listen eines Tages, Monats und Jahres zu optimieren, sodass alles in ein organisiertes System passt. Die Methode soll dabei helfen Aufgaben zu priorisieren und zu bewältigen, sodass die Produktivität gesteigert wird und man besser organisiert ist.

Das Bullet Journal ist stark individualisierbar und ruht nur auf dem Grundgerüst, der Jahres-, Monats-, und Tagesübersichten, welches jedoch auch persönlich verändert werden kann. So kann man zum Beispiel alle Monatsübersichten nacheinander aufschreiben, ohne die Tagesplanungen zu unterbrechen. Man ist zusätzlich nicht auf die vorgegebene Planung eines üblichen Planers angewiesen, der möglicherweise nicht für jeden funktioniert, wie es zum Beispiel bei Ryder Caroll der Fall war.

Gerade dadurch eignet es sich sehr für Studenten und Arbeitstätige. In den letzten Jahren ist das Bullet Journal eine sehr beliebte Zeit- und Selbstmanagementmethode

---

[9] Vgl. Caroll
[10] Vgl. Caroll

geworden. Der gewöhnliche Planer wird mit dem Bullet Journal auf eine neue Ebene gestellt und kann an das Individuum angepasst werden, je nach den persönlichen Bedürfnissen und Interessen.

Durch die Jahres-, Monats-, und Tagesübersichten hat man in einem Buch vollen Überblick über wichtige Termine und Ereignisse, auch Monate im Voraus. Es können zusätzliche Seiten für „Habit Tracker" (Gewohnheiten Tracker), Semester Überblicke und Kontaktdaten für Ansprechpartner und Vorgesetzte eingeplant und gestaltet werden. Dabei kann man seiner Kreativität freien Lauf lassen.

Die Symbole und Zeichen erlauben es auf einen Blick die wichtigsten Informationen für Aufgaben zu erkennen und zu visualisieren. Ändert sich der Status einer Aktivität oder Aufgabe ist auch das leicht zu vermerken, ohne dass man den Tagesplan neu schreiben muss, was besonders für Menschen mit mehreren Alltagsbelastungen vom Vorteil ist.

Getting Things Done Methode

Der Autor David Allen hat 2001 sein Buch das Buch „Getting Things Done: The Art of Stress-Free Productivity" geschrieben. Darin beschreibt er seine Methode, die „Getting Things Done" oder auch GTD Methode, um Stress zu verringern und Produktivität zu erhöhen.

Die Methode basiert auf drei Grundgedanken:

- Solang man noch Gedanken im Kopf hat, kann man sich nicht auf die Aufgabe konzentrieren.
- Für völlige Klarheit müssen alle Aufgaben exakt notiert werden.
- Die Notizen müssen regelmäßig durchgesehen und überarbeitet werden, um sicherzugehen, dass sie Methode auch vollständig genutzt wird. Nur wenn das Gehirn dem System vertraut und weiß, dass es genutzt wird, werden auch alle Aufgaben vollständig abgegeben und nicht trotzdem im Gehirn aufbewahrt.[11]

Damit Getting Things Done funktioniert, soll man laut Allen aufhören Informationen im Kopf zu sammeln. Deswegen ist der erste Schritt das Sammeln. Alles, was einem einfällt, muss gesammelt aufgeschrieben werden. Allen nennt es den Eingangskorb. Dies ist eine visuelle, unorganisierte Darstellung aller Eingaben und von außen

---

[11] Korte, 2014, S.10

kommenden Informationen. Neue Aufgaben, Termine und Sonstiges werden sofort eingetragen. Damit wird alles vom Kopf in ein externes System übertragen.[12]

Die gesammelten Einträge werden danach in konkrete Schritte umgewandelt. Allen hat dafür ein System entwickelt, um Aufgaben zu verarbeiten. Wenn eine Aufgabe weniger, als 2 Minuten dauert wird diese sofort erledigt und nicht in das System überführt. Wenn eine Aufgabe von einem anderen erledigt werden kann, sollte diese delegiert werden. Hat eine große Aufgabe mehr als drei Schritte, erstellt man ein Projekt, damit alle dazugehörigen Aufgaben verbunden sind.[13]

Die Organisation ist simpel. Nur Termine werden in den Kalender eingetragen. Projekte werden auf eine Projektliste gesetzt, die regelmäßig überarbeitet wird. Dabei legt man auch gleich die nächsten Schritte und einen Termin für das Projekt fest. Nebenbei führt man eine Erinnerungsliste für delegierte Aufgaben und sieht diese regelmäßig durch.

Um den Überblick über alle Aufgaben zu behalten, sollte einmal die Woche alles angesehen, überprüft und auf den neusten Stand gebracht werden. Einmal täglich wird der Kopf geleert und alle Ideen, Gedanken und Aufgaben notiert. In die Eingangskörbe werden neue Aufgaben und Termine sortiert und der Terminkalender und die Aufgaben- und Projektlisten werden aktualisiert.[14]Sobald, das System voll mit konkreten, geordneten und umsetzbaren Ideen und Einträgen gefüllt ist werden diese abgearbeitet, je nachdem, wie sie sortiert wurden.

Die GTD Methode wurde besonders für beschäftigte Menschen entwickelt, um Aufgaben so produktiv und geordnet abzuarbeiten, wie möglich. Durch die Verarbeitung der Aufgaben und deren Sortierung in verschieden Kategorien behält man leichter den Überblick welche Aufgaben wann erledigt werden müssen. Die konkreten Schritte helfen dabei nicht lange darüber nachdenken zu müssen, was als Nächstes getan werden muss, sondern man kann diese direkt umsetzen.

Die Methode hilft dabei einen klaren Kopf zu behalten und den Überblick über seine Aufgaben und Verantwortungen zu bekommen. Durch den geringen Zeitaufwand und die alltäglichen Hilfsmittel (Stift und Papier) ist die GTD Methode gut im Alltag umsetzbar und eignet sich besonders für Menschen mit mehreren Belastungen und Tätigkeiten.

---

[12] Allen, 2001, S. 104-109
[13] Heylighen/Vidal, S. 5-6
[14] Heylighen/Vidal, S. 7

2.PowerPoint

1984 hat Robert Gaskins die Software „Presenter" entwickelt. Das Programm, das heute weltweit als PowerPoint bekannt ist, hat Präsentationen, wie wir sie heute kennen, grundlegend beeinflusst[15]. Schon ab der vierten Klasse wird Kindern die Handhabung des Programmes beigebracht und Vorträge werden mit PowerPoint unterstützt. Doch inwieweit ist PowerPoint für Präsentationen und Vorträge tatsächlich geeignet?

Das Interface von PowerPoint ist einfach gehalten und sehr benutzerfreundlich. Es ist durch das simple Layout leicht zu verstehen und ermöglicht damit, dass Menschen aller Altersgruppen mit einem geringen technischen Vorwissen das Programm nutzen können. Bereits Viertklässler haben ein Grundwissen über die Nutzung von PowerPoint.

Zusätzlich erleichtern die vielen Vorlagen, die das Programm mit sich bringt, die Nutzung und Gestaltung einer Präsentationsfolie. Insgesamt gibt es hunderte von Vorlagen[16], wobei man jederzeit eine passende Vorlage für die aktuelle Präsentation finden kann. Findet man allerdings keine passende Vorlage kann man ganz einfach eine Präsentation selbst erstellen und individuell anpassen.

Der größte Vorteil von PowerPoint als Präsentationsmedium ist, dass es vor einem großen Publikum gut sichtbar ist. Dadurch, dass die Folien durch einen Projektor oder einen Bildschirm gezeigt werden, sind diese auch in einem großen Raum gut sichtbar. Außerdem kann man die Schriftgröße beliebig anpassen, was im Gegensatz zu einem Whiteboard oder Poster das Lesen vereinfacht.

Allerdings hat PowerPoint, verglichen zu ähnlichen Programmen wie Prezi, keine kostenlose Version. Das Programm kostet für ein Gerät monatlich 7€ oder bei einem einmaligen Kauf 150€[17]. Für Privatpersonen oder Schüler ist dieser Preis oft zu hoch und sie müssen auf andere Mittel zurückgreifen, wie Poster, Plakate oder Whiteboards.

Einige Firmen und Schulen stellen das Programm jedoch für alle zur Verfügung. Dies kann jedoch zu Kompatibilitätsfehlern führen, wenn man die Folien mit einer anderen Version erstellt, hat als die Version, die auf dem Firmen- oder Schulcomputer installiert ist. Seit 2003 sind 7 neue PowerPoint Versionen erschienen[18] und es passiert nicht

---

[15] Vgl. Lehner-Mittermaier, 2020
[16] Vgl. PowerPoint office templates
[17] Vgl. Microsoft Office; PowerPoint
[18] Vgl. Lehner-Mittermaier, 2020

selten, dass nicht die neuste PowerPoint Version installiert ist. Dadurch kann es zu Fehlern bei der Anzeige und Anordnung der Folien kommen.

Hinzuzufügen ist noch, dass PowerPoint nicht besonders für Gruppenpräsentationen geeignet ist. Inzwischen gibt es zwar eine Funktion, um mit Mitmenschen eine Präsentation zu erstellen und zu bearbeiten, aber diese ist nicht so ausgearbeitet, wie bei ähnlichen Programmen, wie zum Beispiel Prezi.

PowerPoint fiel erstmals großflächig negativ auf, als der erste Bericht über den Absturz des Raumfahrtschiffes „Challenger" von NASA Untersuchungskomitee veröffentlicht wurde. Dabei argumentierte das Komitee, dass NASA sich zu sehr auf PowerPoint verließ, um komplexe Informationen zu kommunizieren. Die Ingenieure präsentierten ihre Ergebnisse in einer PowerPoint Präsentation, die als verwirrend wahrgenommen wurde. Sie benutzten viele Kürzel und lange Stichpunkte, was zu Verständnisproblemen geführt hat. Das Komitee sah dies als zusätzlichen Punkt, warum der Schaden an den Trägern übersehen und falsch eingeschätzt wurde.[19]

Edward Tufte, ein Grafikdesigner und Informationswissenschaftler, sah diesen Bericht als Anlass einen Artikel, „PowerPoint is evil", 2009 im Wired Magazin zu veröffentlichen. Dort argumentiert er, dass eine Standard PowerPoint Präsentation die Form über den Inhalt stellt und eine kommerzielle Haltung einnimmt und alles in ein Verkaufsgespräch verwandelt. PowerPoints Stil stelle die Dominanz des Sprechers über das Publikum und habe einen totalitären Einfluss.

Auch auf die Nutzung von PowerPoint in Schulen geht Tufte ein. Er behauptet, dass Kindern mit Hilfe von PowerPoint beigebracht wird, wie man Informercials und Klienten-Pitches schreibt, anstatt einen Bericht mit vollständigen Sätzen.

Die Beziehungen und der Kontext von Informationen, seien nach Tufte, in PowerPoint Präsentationen schwer verständlich, weil die Informationen gestapelt und vereinfacht werden. Dabei werden Details weggelassen, damit die Informationen auf eine Folie passen, was das Verstehen der Folien erschwere.

Sein Fazit ist, dass PowerPoint ein kompetentes Mittel sei, um Folie zu organisieren, aber es ein Ersatz für eine Präsentation geworden sei, anstatt diese zu unterstützen. Diese falsche Nutzung von PowerPoint ignoriere die wichtigste Regel des Präsentierens: Respektiere dein Publikum.[20]

---

[19] Vgl. Thompson, 2003
[20] Vgl. Tufte, 2009

Im August 2015 veröffentlichten Sebastian Kernbach, Sabrina Bresciani und Martin Eppler eine Studie darüber, welche negativen Einflüsse PowerPoint auf die Qualität einer Präsentation hat. Dabei fanden sie heraus, dass PowerPoint besonders Kognitiv, Emotional und Sozial beschränkend wirken kann.

Die Kognitiv-Beschränkenden Qualitäten beziehen sich dabei auf den Inhalt der Präsentation und wie dieser wahrgenommen und verarbeitet wird. Hierzu zählen das Verkürzen und Abkürzen von Inhalten. Das Format der Folien zwingt dabei den Nutzer Sätze zu kürzen, damit die wichtigsten Informationen auf die Folie passen.[21] Dies kann dazu führen, dass das Verständnis erschwert wird und die Bedeutung verloren geht.

Durch Bulleting, das Verwenden von Stichpunkten, können nur Sequenzen, die Zugehörigkeit zu einer Menge und Prioritäten dargestellt werden. Allerdings immer nur eine Form pro Folie und nicht mehrere zur gleichen Zeit.[22] PowerPoints Standardoption schafft damit eine Illusion von Klarheit, da die Realität vereinfacht wurde und oft der Kontext fehlt. Durch diese Stichpunktlisten kommt es dazu, dass der Redner in einer Reihe von Anmerkungen spricht, anstatt einer Reihe von Argumenten.[23]

Der visuell ansprechende Stil von PowerPoint führt dazu, dass Informationen, die nicht auf einer Folie enthalten sind, abgewertet werden. Es schafft die Annahme, dass alle Perspektiven schon auf den Folien beinhaltet sind und alle Informationen, die nicht abgebildet unwichtig ist. Das Publikum wir entmutigt sich zu beteiligen, zu hinterfragen und Feedback zu der Präsentation zu geben.[24]

Das Layout der Folien und die Beschränkung der Informationen führt zu einer Kette von Folien. Dies wird Sequenzierung genannt. Aufgrund dessen sind Beziehungen zwischen Informationen nur schwer darstellbar und der Kontext nur schwer verständlich. Des Weiteren führt die Sequenzierung zu verringerter Flexibilität für den Redner, um auf Interessen und Probleme der Zuhörer einzugehen und von dem ursprünglichen Plan abzuweichen, da die Abfolge der Folien festgelegt ist. Der lineare Aufbau von PowerPoint erschwert zudem das Verständnis der Folien in einer anderen Reihenfolge.

Der Redner leidet zusätzlich an der geringen Dynamik, die durch den Stop-and-Go Rhythmus der Folien erzeugt wird. Der Schwung des Redners wird genommen und es kommt zu einem ständigen Neubeginn und Stoppen des Vortrages, was Kernbach et al „Fragmentierung" nennen.

---

[21] Vgl. Kernbach, Bresciani, Eppler, 2015, S.303
[22] Vgl. Arenberg, 2015, S.95
[23] Vgl. Kernbach, Bresciani, Eppler, 2015, S.303
[24] Vgl. Kernbach, Bresciani, Eppler, 2015, S.304/305

Die bereits genannte Begrenzung der Informationen durch die Folien führt außerdem zu einer Trivialisierung. Die Realität muss so weit vereinfacht und verkürzt werden, damit alle Informationen auf die Folien passen. Dabei kommt es zu der falschen Schlussfolgerung des Publikums, dass das Gesamtbild auf den Folien abgebildet ist. Die Präsentation erzeugt somit eine Illusion von Verstehen und Kontrolle. Laut Kernbach und Bresciani soll ein kurzzeitiges Gefühl von Überforderung und Schwierigkeiten dabei helfen, dass sich das Publikum mehr anstrengt dem Vortrag zu folgen und das Thema zu verstehen.

Die zweite große Kategorie beschreiben Kernbach et al als „Soziale Beschränkungen". Diese beziehen sich auf die Beziehung zwischen dem Redner und dem Publikum.

Der Dominierende Aspekt ist angelehnt an die Umwelt, die bei einer Präsentation geschaffen wird. Der Redner wird in einer dominierenden Rolle platziert, wobei dieser die meiste Zeit redet und das Publikum passiv zuhört. Dies reduziert die Bindung des Redners zum Publikum und schafft eine Distanz zwischen den beiden Parteien. Das Publikum wird angeregt passiv zu bleiben, anstatt aktiv an einer Diskussion teilzunehmen oder Fragen zu stellen.

„Overaestheticing" oder Über-Ästhetisierung beschreibt den verschobenen Fokus des Präsentators. Visuelle Aspekte der Präsentation werden in den Vordergrund gerückt. Stattdessen sollte der Inhalt im Fokus stehen. Nutzlose Dekorationen, wie Animationen der Folien, lenken dabei vom Inhalt ab, anstatt diesen zu unterstützen.[25]

Wie Tufte schon erwähnt hat, hat PowerPoint eine Verkaufshaltung dem Publikum gegenüber. Das Publikum hinterfragt die Präsentation weniger kritisch und nimmt generell weniger auf.[26]

Zu den emotional beschränkenden Qualitäten zählen Aspekte, die die Reaktionen des Publikums beeinflussen. Ein Fehler die Redner bei Präsentationen oft machen, ist dass sie auf die Folien und die Informationen darauf kaum verweisen, was zu einer Spaltung der Aufmerksamkeit des Publikums zwischen dem Redner und dem Publikum führt.[27]

Zuhörer erwarten heutzutage eine Präsentation mit Folien, während sie passiv zuhören. Durch häufig verwendete Vorlagen sind Folien bereits bekannt und für die Zuhörer vorhersehbar. Diese Monotonie mindert die emotionale Bindung und Motivation für beide Parteien.

---

[25] Vgl. Kernbach, Bresciani, Eppler, 2015, S.307
[26] Vgl. Kernbach, Bresciani, Eppler, 2015, S.307
[27] Vgl. Kernbach, Bresciani, Eppler, 2015, S.305

Zusammenfassen kann man sagen, dass PowerPoint als Präsentationsmedium und -software eine entscheidende Rolle weltweit eingenommen hat. Bereits Kinder wird der Umgang, wegen des nutzerfreundlichen Interfaces, beigebracht. Oft sind die Präsentationen durch PowerPoint besser sichtbar und die vielen Vorlagen machen die Nutzung und Gestaltung einfach.

Allerdings bringt PowerPoint auch viele negative Aspekte mit sich. Zum einen ist PowerPoint als Software, besonders für Privatpersonen, sehr teuer. Es kann zu Kompatibilitätsproblemen kommen, wenn zwischen Computern verschiedene Versionen auftreten und auch die Erstellung einer Präsentation als Gruppe oder Team ist kompliziert.

Auch der Statistiker Edward Tufte ist der Meinung, dass PowerPoint kein geeignetes Medium für Präsentationen ist, weil die Formatierung und die Gestaltung der Folien über den Inhalt gestellt werden, der Redner sich über das Publikum stellt und Informationen so verkürzt werden müssen, dass Zusammenhänge nicht mehr erkennbar sind. Anstatt Vorträge zu unterstützen, werden diese mit PowerPoint ersetzt.

Kernbach, Bresciani und Eppler sind zu ähnlichen Ergebnissen gekommen. Durch Bulleting, Abkürzungen, Fragmentierung, Sequenzierung und Trivialisierung werden die Inhalte der Präsentation eingeschränkt und verfälscht. Des Weiteren beeinflussen die Dunkelheit, in der die Präsentation gehalten werden muss, sowie die Ästhetisierung und der dominierende Faktor die Soziale Ebene eines Vortrages negativ. Auch Emotional wirkt sich PowerPoint negativ auf Präsentationen, durch das laute Vorlesen der Folien oder die Monotonie von Vorträgen.

Ob sich PowerPoint schlussendlich als Medium für eine Präsentation eignet, hängt ganz vom Thema, dem Publikum und dem Redner ab. Es könnte sich jedoch auszahlen sich mit Alternativen, wie zum Beispiel Prezi, Deckset oder Keynote, auseinanderzusetzen, die auf anderen Systemen als PowerPoint, beruhen und somit eventuell passender für eine Präsentation sein können.

3.Zeit als Psychosoziales Phänomen

„Dreifach ist der Schritt der Zeit:

Zögernd kommt die Zukunft hergezogen,

Pfeilschnell ist das Jetzt entflogen,

Ewig still steht die Vergangenheit [...]"

Schon Friedrich Schiller ist 1795 in seinem Gedicht „Sprüche des Confucius 1" auf die Aspekte der Zeit eingegangen und versuchte damit, wie schon viele andere, diese zu definieren. Bis heute gibt es keine einheitliche Definition von Zeit.

Die Brockhaus Enzyklopädie beschreibt Zeit als „im menschlichen Bewusstsein unterschiedlich erlebte Gegenwart"[28] Das Oxford Dictionary hingegen definiert Zeit als „a finite extent or stretch of continued existence, as the interval of separating two successive events or actions, or the period during which an action, condition, or state continues"[29].

Zeit wird im Alltag oft als die Zusammensetzung von den drei Aspekten, Vergangenheit, Gegenwart und Zukunft, gesehen. Die Vergangenheit besteht aus Ereignissen, an die wir uns nur zurückerinnern können und die bereits vor einem festen Zeitpunkt geschehen sind. Diese Ereignisse sind unveränderlich oder „ewig still steh[end]"[30], wie Schiller es beschrieben hat.

Die Gegenwart oder das Jetzt sind Ereignisse, die wir direkt und zum ersten Mal wahrnehmen und sind damit keine Erinnerung oder Vorstellung der Zukunft.

Die Zukunft ist die undefinierte Periode nach der Gegenwart. Wir können uns die Zukunft oft vorstellen und machen Pläne, aber wir können uns dabei nie gewiss sein, was tatsächlich passieren wird und wie unsere Zukunft aussehen wird. Einige Menschen sehen die Zukunft als vom Schicksal vorbestimmt an, aber die Mehrheit sieht sie als ungewiss und offen für Möglichkeiten.

Psychologie

Die meisten Menschen haben schon Momente erlebt, in denen die Zeit zu rasen oder auch stillstehen zu scheint. Besonders in Momenten mit starken Emotionen wird unsere Zeitwahrnehmung beeinflusst, so zum Beispiel, wenn wir besonders viel Spaß haben, scheint die Zeit im Flug zu vergehen, wenn wir uns jedoch Langweilen fühlt sich jede Minute, wie eine ganze Stunde an.

Zeitwahrnehmung ist die subjektive Wahrnehmung des Zeitvergehens oder die wahrgenommene Dauer von Ereignissen. Die Zeitwahrnehmung ist nicht mit der physikalischen Zeit verbunden, denn diese ist objektiv und vergeht für die meisten Menschen universell. Die psychologische Zeit hingegen ist subjektiv und weicht potenziell zwischen Individuen ab. Das Zeitempfinden an sich scheint angeboren zu

---

[28] Brockhaus Enzyklopädie
[29] Oxford Dictionary
[30] Schiller, 1795

sein, wohingegen das Einschätzen der Zeitdauer erst im Laufe der Kindheit erlernt werden muss. [31]

Faktoren, die die Zeitwahrnehmung beeinflussen oder verfälschen können, sind Ablenkungen, Emotionen oder körperliche Anstrengungen. Durch Ablenkungen scheinen Wartezeiten oft kürzer und durch Smartphones und andere technologische Geräte ist es sehr einfach sich überall und zu jeder Zeit abzulenken. Durch den Entzug dieser Wartezeiten gehen erzwungene Momente der Entschleunigung und Achtsamkeit allerdings verloren.[32]

Zusätzlich kommen ab dem Erwachsenenalter oft noch Stress und Zeitdruck hinzu, was die Zeit noch schneller vergehen zu lassen scheint. Die Zeitforscherin Isabell Winkler sagt dazu: „Meist müssen mehrere Dinge gleichzeitig erledigt werden und man kann sich nicht die Zeit nehmen, sich auf Einzelheiten zu konzentrieren. Rückblickend werden dann meist weniger Elemente des Erlebten erinnert und die Zeitspanne als kürzer wahrgenommen"[33].

1963 fand eine Studie von Heckhausen, dass Menschen die motiviert und eine positive Einstellung haben, Zeit als etwas dynamisches und schnellbewegtes wahrnehmen. Unmotivierte Menschen nahmen Zeit im Gegensatz dazu als etwas ruhendes wahr. [34]

Mit der Zeitwahrnehmung eng verbunden sind die Zeitperspektiven. Der Begriff geht auf Lawrence Frank (1939) zurück und beschreibt die Perspektive des Individuums auf die Vergangenheit, Gegenwart und Zukunft. Studien von Heckhausen und später Mießler zeigten, dass eine positive Einstellung der Zukunft gegenüber, sich in hoher Motivation und besseren Leistungen widerspiegelte.[35]

Die Wissenschaftler Zimbardo und Boyd (1999) stellte drei Zeitperspektiven auf, die maßgeblich unsere Zufriedenheit und unsere Motivation bestimmen.

Menschen mit einer Vergangenheitsorientierten Perspektive orientieren sich eher an vergangenen Erfahrungen, bei denen sie in ähnlichen Situationen waren. Die Konzentration auf positive Aspekte führt hierbei dazu, dass Menschen eher glücklichere Beziehungen führen und gesünder sind. Bei einer eher negativen Perspektive auf die Vergangenheit konnte man einen Zusammenhang zu Depressionen und Ängsten feststellen.

---

[31] Vgl. Schreyer, 2018, S.1-3
[32] Vgl. Schreyer, 2018, S.2
[33] Schreyer, 2018, S.2
[34] Vgl. Wissing, 2004, S. 36
[35] Vgl. Wissing, 2004, S. 35

Menschen, die eine gegenwartsorientierte Perspektive haben, leben eher in der Gegenwart und im Moment. Man unterscheidet zwischen einer Hedonistischen und einer Fatalistischen Perspektive. Mit einem hedonistischen Blick auf das Leben sucht man nach Lust und Genuss und vermeidet negative Erfahrungen unter allen Umständen. Die fatalistische Perspektive beschreibt ein Leben, das vom Schicksal bestimmt ist, in dem negative Erfahrungen unvermeidbar sind.

Eine zukunftsorientierte Person bezieht die Zukunft in die Gegenwart mit ein und vertraut darauf, dass das Leben nicht vorbestimmt ist, sondern man das Leben beeinflussen kann. Menschen mit dieser Perspektive berücksichtigen Kosten und Nutzen von Entscheidungen. [36] Eine Unterkategorie der Zukunftsorientierten Perspektive ist die transzendentale Perspektive, wobei man einen religiösen oder sogar esoterischen Blick auf die Zukunft hat.[37]

Ein weiterer, wichtiger Bestandteil der psychologischen Zeit ist die Prokrastination oder Aufschieberitis. Fast jeder Mensch prokrastiniert hin und wieder. Eine Studie zeigte, dass 80 bis 95% alles Studierenden gelegentlich prokrastinieren. Jedoch kann Prokrastination auch ein ernstes Problem werden, wenn es pathologisch wird. Etwas 20 bis 40% der Studierenden haben angegeben, dass Prokrastination für sie ein Problem ist. [38]

Das Prokrastinieren ist somit ein nutzloses und freiwilliges Aufschieben von Aufgaben, was möglicherweise negative Konsequenzen mit sich zieht.

Es konnten drei Faktoren herausgestellt werden, die einen besonderen Einfluss darauf haben, ob und wie viel wir prokrastinieren und aufschieben. Zum einen haben Persönlichkeitsmerkmale, wie eine hohe Impulsivität einen Einfluss. Außerdem können Schwierigkeiten bei der Selbstregulation dazu führen, dass wichtige Aufgaben verschoben werden. Durch eine geringe Ausdauer und Probleme beim Selbstmanagement kann es zu Widersprüchen zwischen Handlungen und Absichten kommen. Auch Situationsfaktoren spielen eine Rolle. Sind die Aufgaben zum Beispiel zu komplex oder unattraktiv oder erwarten wir bereits von Beginn an ein negatives Feedback neigen wir eher dazu diese Aufgaben zu vermeiden.

Prokrastination hat oft negative Folgen für die Betroffenen, so zum Beispiel ein höheres Stresslevel oder ein hohes Schamgefühl. Man sollte bei Prokrastination zwischen dem alltäglichen und dem pathologischen Aufschieben unterschieden. Die pathologische

---

[36] Vgl. Hildebrandt, 2019
[37] Vgl. Arenberg, 2015, S.78
[38] Freie Universität Berlin, S.1-2

Prokrastination gilt als Störung der Selbststeuerung, die negative Konsequenzen mit sich bringt. Obwohl Prokrastination noch nicht als Krankheit anerkannt wurde, gibt es Behandlungen, durch die sich ein verbessertes Wohlbefinden und verringerter Stress einstellen soll. [39]

Biologie

Wir haben verschiedene Stoffwechselvorgänge in unserem Körper, die sich teilweise uhrenartig wiederholen, zum Beispiel unser Herzschlag, unsere Atmung, usw. Diese Vorgänge sind jedoch abhängig von anderen inneren und äußeren Bedingungen und Reizen und sind nicht zuverlässig regelmäßig. Zum Beispiel erhöhen sich die Herz- und Atemfrequenz je nach Aktivität und Gesundheit. Aber wir haben auch einige innere Uhren, die viel zuverlässiger, autonomer und zuverlässiger sind.

Fast alles Leben auf der Erde, von Menschen, über Tiere bis hin zu Pflanzen, haben sich an den 14-Stunden Nacht-Tag-Zyklus unserer Erde angepasst, mittels der zirkadianen Uhr. Sie ist ein endogener (innerer) Zeitmesser mit einer Periode von rund 24 Stunden, wobei dies leicht zwischen Individuen abweichen kann. [40]

Die innere Uhr beeinflusst unseren Chronotyp. Die innere Uhr von Menschen läuft in unterschiedlichen Takten, wodurch es zu verschiedenen Leistungshochs und Tages- und Nachtrhythmen kommt. Kinder sind allgemein frühere Chronotypen, als Erwachsene. Mit etwa 20 Jahren hat man den Hochpunkt erreicht und hat den spätesten Chronotyp. Danach verschiebt sich der Chronotyp wieder zu einem früheren Zeitpunkt. Frauen erreichen dieses Maximum dabei etwa 1,5 Jahre früher als Männer. [41]

Der Morgentyp oder auch Lerche genannt, sind Frühaufsteher und sind bereit früh morgens leistungsfähig. Dafür sind sie am Abend zeitig müde und schläfrig und ihr Leistungshoch ist bis zum Nachmittag verstrichen. [42]

Abendtypen oder Eulen sind das Gegenteil von Lerchen. Sie schlafen später ein und wachen später auf. Ihr Leistungshoch ist später als bei Lerchen und oft schon, wenn Lerchen ihr Tief erleben.

Die meisten Menschen jedoch fallen in den Mischtyp. Sie werden zwischen halb 7 und um 8 Uhr wach und haben ihr hoch am späten Vormittag und ein erstes Tief am frühen Nachmittag. [43]

---

[39] Hentsch, 2020
[40] Wilhelm, 2016
[41] Vgl. Kohlhoff, 2013, S.5
[42] Vgl. Hoferichter, 2018

Soziologie

In der Gesellschaft hat Zeit eine wichtige Bedeutung. Immer öfter scheint die Zeit, die man am Tag hat, nicht mehr auszureichen. Das Tempo unseres Lebens scheint sich erhöht zu haben.

Und auch Studien beweisen dies. Weltweit gehört Deutschland mit zu den schnelllebigsten Ländern, nach der Schweiz und Irland. Es konnten dabei fünf Faktoren festgestellt werden, die das Lebenstempo eines Landes beschleunigen zu scheinen:

- Eine gute Wirtschaft der
- Ein hohe Industrialisierungsquote
- Eine hohe Einwohnerzahl
- Kühles Klima
- Eine Kultur, die auf das Individuum ausgerichtet ist

Subjektiv gesehen haben wir mehr Zeit als in den vergangenen Jahrzehnten. Allerdings gab jeder Dritte an zu wenig Zeit zu haben.[44]

Das Bundesministerium für Familie, Senioren, Frauen und Jugendliche beschreibt dieses Zeitparadoxon in einem Bericht über Familienzeitpolitik (2012). Im Privatleben herrscht in Deutschland keine besondere Zeitknappheit im Vergleich zu anderen Ländern. Die Arbeit und Beruf nimmt im Vergleich sehr wenig Zeit ein und durch die gestiegene Lebenserwartung sollte ein Überschuss an Zeit herrschen. Hinzu kommen technische Fortschritte und globalisierte Arbeitsmöglichkeiten. Hierdurch sollte eigentlich ein Überschuss an Zeit herrschen. Die Realität allerdings ist, dass viele Familien einen Zeitdruck empfinden.

In dem Bericht wird klargestellt, dass Zeitpolitik ein wichtiger Bestandteil der Familienpolitik ist und zukünftig die Zeitressourcen und -organisation im Familienalltag verbessert werden soll und die Zeitknappheit und -konflikte minimiert werden sollen.[45]

Fazit

Zeit schreitet unaufhörlich voran, egal wie sehr wir uns wünschen, manchmal auf Pause drücken zu können, um durchzuatmen. Gerade für Menschen mit mehreren

---

[43] Vgl. Hoferichter, 2018
[44] Vgl. Rettig, 2012
[45] Vgl. Bericht Bundesministerium, 2012, S.5

Belastungen, wie zum Beispiel einer Fernstudentin mit zwei Kindern und einen Vollzeitjob kann Zeitmanagement zur Belastung werden.

Den ersten Ansatz geben Zimbardo und Boyd. Sie geben Andeutung, welche die ideale Zeitperspektive ist. Am besten konzentriert man sich auf die positive Vergangenheit und bezieht die Zukunft mit in Pläne ein. Die positive Vergangenheitsperspektive bringt dabei eine Beständigkeit ins Leben, weil man sich mit der eigenen Familie und Tradition verbunden fühlt.[46] Außerdem ist die Vergangenheit beständig und unveränderlich, was in einem schnell ändernden Leben, wie unsere Studentin, die sich an Kinder anpassen muss, ein Gefühl von Sicherheit und Vertrautheit geben kann. Der Blick in die Zukunft kann Hoffnung bringen und einem besonders in schwierigen Situationen Kraft verleihen.

Beim Thema Prokrastination gibt zum Beispiel die Freie Universität Berlin konkrete Tipps, um das Aufschieben zu vermeiden und produktiver zu arbeiten:

- Setzen Sie Prioritäten und erledigen Sie die wichtigsten Aufgaben zuerst.
- Setzen Sie realistische Ziele und überladen Sie sich nicht selbst.
- Konzentrieren Sie sich nur auf eine Aufgabe.
- Trennen Sie Arbeits- und Freizeit klar voneinander.[47]

Das Bundesministerium für Familie, Senioren, Frauen und Jugend gibt einige Rahmenbedingungen, die die Zeitressourcen von Familien verbessern sollen. Dazu gehören die Elternzeit und das Elterngeld. Die Elternzeit ermöglicht es eine Pause von der Arbeit zu nehmen, damit man sich um die Kinder kümmern kann. Das Elterngeld soll unterstützend wirken, damit sich Eltern auf die Erziehung konzentrieren zu können, ohne in finanzielle Nöte zu geraten[48]. In unserem Beispiel könnte sich die Studentin eine Elternzeit nehmen, um ihre Belastungen zu verringern oder Elterngeld beantragen.

Zusätzlich gibt es zahlreiche Betreuungsangebote für Kinder aller Altersklassen. Falls die Kinder noch nicht im Schulalter sind und die Schulpflicht noch nicht auf sie zutreffen, könnte man auf andere Angebote, wie Kindertagesstätten zurückgreifen.

Zeit begleitet uns in allen Lebenslagen und ist in allen Bereichen des Lebens wiederzufinden. Es gibt zahlreiche Möglichkeiten, um die Zeit, die uns gegeben ist, besser zu nutzen. Auch wenn sie manchmal scheinbar davonrast, haben wir dennoch die Kontrolle darüber, wie wir sie nutzen.

---

[46] Vgl. Arenberg, 2015, S.78
[47] Vgl. Freie Universität Berlin, Handout-Tipps, S.1-2
[48] Vgl. Bundesministerium Bericht, 2012, S.15

Literaturverzeichnis

Hildebrandt (2019): Welches ist Ihre Zeitperspektive? Die drei Zeitperspektiven. Online verfügbar unter https://zeitag.ch/deutsch/blog/zeitperspektive/, zuletzt aktualisiert am 22.10.2021, zuletzt geprüft am 27.10.2021.

Allen, David (2001): Getting things done. The art of stress-free productivity. New York, NY: Penguin Books.

Anna-Kathrin Hentsch (2020): Prokrastination: Wann Aufschieben krankhaft wird. Online verfügbar unter https://www.nationalgeographic.de/wissenschaft/2020/10/prokrastination-wann-aufschieben-krankhaft-wird, zuletzt geprüft am 27.10.2021.

Brockhaus.de (2021): Zeit. Online verfügbar unter https://brockhaus.de/ecs/enzy/article/zeit, zuletzt aktualisiert am 22.10.2021, zuletzt geprüft am 22.10.2021.

Bundesministerium für Familie; Senioren; Frauen und Jugend (2012): Zeit für Familie Familienzeitpolitik als Chance einer nachhaltigen Familienpolitik.

Clive Thompson (2003): Powerpoint makes you dumb. In: *New York Times*.

Edward Tufte (2021): Edward Tufte forum: Cancer survival rates: tables, slopegraphs, barcharts. Online verfügbar unter https://www.edwardtufte.com/bboard/q-and-a-fetch-msg?msg_id=0000Jr, zuletzt aktualisiert am 13.10.2021, zuletzt geprüft am 13.10.2021.

Enno Kohlhoff (2013): Circade Variationen von Aufmerksamkeitsfunktionen bei extremen Chronotypen. Online verfügbar unter https://core.ac.uk/download/pdf/226110098.pdf, zuletzt geprüft am 28.10.2021.

Evans, Brandon (2021): Rapid Logging: Essentials to Know. Online verfügbar unter https://friday.app/bullet-journal/rapid-logging, zuletzt aktualisiert am 12.10.2021, zuletzt geprüft am 12.10.2021.

Francesco Cirillo (2006): Microsoft Word - ThePomodoroTechnique_v1-3.doc. Online verfügbar unter http://www.baomee.info/pdf/technique/1.pdf, zuletzt geprüft am 10.07.2021.

Francesco Cirillo (2007): The Pomodoro Technique® - proudly developed by Francesco Cirillo | Cirillo Consulting GmbH. Online verfügbar unter https://francescocirillo.com/pages/pomodoro-technique, zuletzt aktualisiert am 07.10.2021, zuletzt geprüft am 07.10.2021.

Freie Universitat Berlin: Handout-Tipps. Online verfügbar unter https://www.fu-berlin.de/sites/studienberatung/projekte/Projekt-Prokrastinationspraxis/Handout-Tipps.pdf, zuletzt geprüft am 30.10.2021.

Freie Universitat Berlin: Prokrastination: theoretischer Hintergrund, S. 1–4. Online verfügbar unter https://www.fu-berlin.de/sites/studienberatung/projekte/Projekt-Prokrastinationspraxis/Handout-Prokrastinationsstheorie.pdf.

Friedrich Schiller Archiv (2013): Schiller an Ferdinand Huber, 28. August 1787 - Friedrich Schiller Archiv. Online verfügbar unter https://www.friedrich-schiller-archiv.de/briefe-schillers/an-ferdinand-huber/schiller-an-ferdinand-huber-28-august-1787/, zuletzt aktualisiert am 11.09.2013, zuletzt geprüft am 22.10.2021.

Heylighen, Francis; Vidal, Clement: Getting Things Done: The Science behind Stress-Free Productivity, S. 1–21.

Hoferichter, Andrea (2018): Was der Chronotyp für unser Leben bedeutet. In: geo.de, 14.11.2018. Online verfügbar unter https://www.geo.de/magazine/geo-wissen-gesundheit/19916-rtkl-innere-uhr-was-der-chronotyp-fuer-unser-leben-bedeutet, zuletzt geprüft am 28.10.2021.

Holmes, N. (2004): In defense of PowerPoint. In: Academia 37 (7), S. 100–199. DOI: 10.1109/MC.2004.54.

Kant, Immanuel (2020): Kritik der reinen Vernunft. I. Transzendentale Elementarlehre, Erster Teil: Die transzendentale Ästhetik, 2. Abschnitt: Von der Zeit, zuletzt aktualisiert am 19.06.2020, zuletzt geprüft am 29.10.2021.

Kernbach, Sebastian; Bresciani, Sabrina; Eppler, Martin J. (2015): Slip-Sliding-Away. In: Business and Professional Communication Quarterly 78 (3), S. 292–313. DOI: 10.1177/2329490615595499.

Klaus Wilhelm (2016): Chronobiologie: Innere Uhren im Takt, zuletzt aktualisiert am 28.10.2021, zuletzt geprüft am 28.10.2021.

Korte, Jan: Wissens- und Selbstmanagement mit Getting Things Done.

Lehner-mittermaier, Pia (2020): Geschichte, Entstehung & Entwicklung von PowerPoint. In: *SlideLizard*, 20.04.2020. Online verfügbar unter https://slidelizard.com/de/blog/powerpoint-history-and-versions, zuletzt geprüft am 18.10.2021.

MedMedia (2021): Schlafstörungen und die Chronobiologie der Hormone. Online verfügbar unter https://www.medmedia.at/aerzte-krone/schlafstoerungen-und-die-chronobiologie-der-hormone/, zuletzt aktualisiert am 28.10.2021, zuletzt geprüft am 28.10.2021.

Microsoft Office: PowerPoint. Online verfügbar unter https://www.microsoft.com/de-DE/microsoft-365/p/powerpoint/CFQ7TTC0HLG1, zuletzt geprüft am 13.10.2021.

Microsoft Office (2021): PowerPoint office templates. Online verfügbar unter https://templates.office.com/de-de/templates-for-powerpoint, zuletzt aktualisiert am 18.10.2021, zuletzt geprüft am 18.10.2021.

Nina Schreyer (2018): Warum die Zeit manchmal schleicht und manchmal rast. Online verfügbar unter https://www.tu-chemnitz.de/tu/pressestelle/aktuell/8926, zuletzt aktualisiert am 22.10.2021, zuletzt geprüft am 22.10.2021.

Oxford English Dictionary (2021): time, n., int., and conj. Online verfügbar unter https://www.oed.com/viewdictionaryentry/Entry/202100, zuletzt aktualisiert am 29.10.2021, zuletzt geprüft am 29.10.2021.

Prof. Dr. Andreas Luckner: Zeit und Existenz aus Sicht der Philosophie, S. 36–39. Online verfügbar unter https://www.uni-hannover.de/fileadmin/luh/content/alumni/unimagazin/2012_zeit/netz10_luckner.pdf.

Prof. Dr. Gernot Münster (2010): Was ist die Zeit?, S. 1–4.

Prof. Dr. Petra Arenberg (2015): Kreativitats- und Prasentationstechniken.

Rettig, Daniel (2012): Telefonstudie - Warum das Lebenstempo in Großstädten steigt. In: *Alltagsforschung*, 24.10.2012. Online verfügbar unter https://www.alltagsforschung.de/telefonstudie-warum-das-lebenstempo-in-grosstadten-steigt/, zuletzt geprüft am 28.10.2021.

Ryder Carroll (2021): BulletJournal/learn. Online verfügbar unter https://bulletjournal.com/pages/learn, zuletzt aktualisiert am 12.10.2021, zuletzt geprüft am 12.10.2021.

S, Pangambam (2018): Ryder Carroll: How to Lead an Intentional Life at TEDxYale (Transcript). In: *Pangambam S*, 11.01.2018. Online verfügbar unter https://singjupost.com/ryder-carroll-how-to-lead-an-intentional-life-at-tedxyale-transcript/, zuletzt geprüft am 12.10.2021.

Simone Wissing: Das Zeitbewusstsein des Kindes. Eine empirisch-qualitative Studie zur Entwicklung einer Typologie der Zeit bei Kindern im Grundschulalter. Pädagogische Hochschule Heidelberg, Mannheim.

Weber, Andreas (2004): Biorhythmus: Die unerbittliche innere Uhr. In: *geo.de*, 19.07.2004. Online verfügbar unter https://www.geo.de/wissen/13369-rtkl-biorhythmus-die-unerbittliche-innere-uhr, zuletzt geprüft am 22.10.2021.

YouTube (2021): Pomodoro Technique 4 x 25 min - Study Timer 2 h -. Online verfügbar unter https://www.youtube.com/watch?v=IUXNiDJJ_9s, zuletzt aktualisiert am 15.10.2021, zuletzt geprüft am 15.10.2021.

BEI GRIN MACHT SICH IHR WISSEN BEZAHLT

- Wir veröffentlichen Ihre Hausarbeit,
  Bachelor- und Masterarbeit

- Ihr eigenes eBook und Buch -
  weltweit in allen wichtigen Shops

- Verdienen Sie an jedem Verkauf

Jetzt bei www.GRIN.com hochladen und kostenlos publizieren